An 7

PRÉCIS HISTORIQUE

DE LA CAMPAGNE

DU GÉNÉRAL MASSÉNA,

Dans les Grisons et en Helvétie.

PRECIS HISTORIQUE

DE LA CAMPAGNE

DU GÉNÉRAL MASSENA,

Dans les Grisons et en Helvétie,

Depuis le passage du Rhin jusqu'à la prise de position sur l'Albis,

o u

RECUEIL DES RAPPORTS

Qui contiennent les détails des opérations de cette Campagne.

Par MARÈS, officier du génie.

PARIS,

De l'imprimerie de Vatar Jouannet, rue Cassette, N°. 913.

AN VII.

AVANT-PROPOS.

E n attendant qu'on puisse mettre au jour *la Campagne de l'an VII en Helvétie*, avec les cartes des batailles et combats qui y ont été livrés, et tous les détails qui peuvent rendre cet ouvrage intéressant, on présente au public impatient le précis de cette campagne depuis l'entrée des Français dans les Ligues Grises, jusques à la prise de position sur l'Albis.

Offrir à la reconnaissance des bons citoyens les principales circonstances de cette lutte honorable contre la supériorité du nombre, les éléments et la faim; entretenir chez les défenseurs de la patrie cet enthousiasme, cette persévérance qu'y produisent la publicité de leurs glorieux exploits, et la certitude d'avoir fait quelque chose d'utile à leur pays : voilà le double objet de cette publication, précoce peut-être, des faits militaires de cette campagne.

On aurait pu sans doute ajouter, pour le général qui les a dirigés, et pour tous les autres officiers-généraux et particuliers qui y ont coopéré, des éloges que personne n'eût certainement pensé à leur contester ; mais ces éloges donnés à des hommes vivants et en place auraient pris dans la bouche de l'écrivain, leur subordonné, un caractère d'adulation qui répugne trop à ses principes. L'éloquence des faits lui a paru préférable; elle laisse à chaque lecteur l'initiative du sentiment qu'ils excitent, et la satisfaction d'être juste sans le secours d'autrui.

CAMPAGNE

DU GÉNÉRAL

MASSENA,

Dans les Ligues Grises, et dans l'Helvétie.

AN VII.

La Campagne devait être reprise sur toute la ligne depuis le golphe de Venise jusques au Mein. La simultanéité des opérations devait, autant que la quantité de forces appliquée à chaque partie, augmenter la certitude des succès ; et les justes proportions entre ces forces et l'objet qu'elles avaient à remplir, proportions déterminées par la considération de la nature du pays à envahir

a

et des forces employées à le défendre , devaient déterminer une campagne glorieuse pour nous et fatale à nos ennemis.

Ceux qui connaissent la première partie du projet de Campagne ne peuvent pas se dissimuler qu'en supposant cette simultanéité des opérations, et une quantité de forces et de moyens, qui n'eût pas été dans une si grande disproportion avec celles de nos ennemis , il n'eût pu produire d'heureux résultats ; encore ces résultats eussent-ils été plus grands, si les faiseurs avaient eu une connaissance un peu topographique du théâtre de la guerre.

Mais les forces des ennemis étaient dans une proportion triple des nôtres ; mais nous avions des armées qui, soit pour le personnel, soit pour le matériel , n'avaient tout ou partie de leur existence que sur des états de situation ; mais le défaut de connaissance du terrein avait fait arrêter entre les armées une mauvaise répartition de ces deux élémens de leur force ; mais il n'y a eu aucun ensemble dans les opérations : et la Campagne a été désastreuse.

On éloignera de ce précis toute discussion sur les projets arrêtés , sur les opérations qui en ont été la suite , toute explication enfin qui pourrait éclairer nos ennemis sur nos projets ultérieurs.

Cela éloignerait d'ailleurs trop d'une simple exposition des *faits*, la seule que l'on se propose.

Détails.

L'armée du Danube, sous les ordres du général Jourdan, a passé le Rhin le 11 ventôse ; elle a été, le 16, au débouché des montagnes Noires, du côté de la Souabe, et elle y a pris position.

Le même jour 16, l'armée d'Helvétie sous les ordres du général Massena, a commencé son mouvement général, elle était affaiblie sur sa gauche de la brigade Ruby, qui était réunie à l'armée du Danube, et renforcée à sa droite de la brigade Dessoles, détachée de l'armée d'Italie.

Elle s'est portée à-la-fois sur toutes les parties du territoire Grison. Elle devait occuper sur sa droite les crêtes de la vallée de l'Adige, en même temps que celles de l'Inn, et sur sa gauche masquer, par un corps porté sur Feldkirch, les débouchés du Voralberg. Elle aurait même entrepris, dans cette partie, une opération bien plus décisive, si le nombre de ses troupes et la nature de ses instructions ne l'en eussent empêchée.

Cette première partie de l'opération a été parfaitement exécutée à la gauche et au centre, mais elle ne l'a été qu'imparfaitement sur la droite,

parce que le corps de la Valteline qui faisait partie de l'armée d'Helvétie, et avait l'ordre exprès
de se mettre en mouvement le 16, ne l'a fait
que huit jours après; qu'elle a laissé ainsi à découvert le flanc droit du général Lecourbe, pa-
ralysé la suite du mouvement de ce général, et
entraîné une perte de temps dont le préjudice
pour les trois armées est incalculable (1).

Voici de quelle manière le général Massena
rend compte au directoire exécutif de cette première partie des opérations.

*Rapport fait par le Général Massena, Com-
mandant en chef de l'Armée de l'Helvétie.
Au Directoire Exécutif de la République
Française, sur les affaires des 16, 17 et 18
ventôse.*

L'invasion du pays des Grisons vient d'être
faite dans la saison la plus défavorable ; on ne

___

(1) On n'entend pas rejetter sur le général Dessoles qui
commandait le corps de la Valteline, et dont la réputation
militaire est faite, l'odieux de ce retard ; on n'entreprendra
pas non plus d'expliquer ici ses motifs : ce général est plus
que personne à même d'éclairer le public sur les négligences
ou les mauvaises dispositions qui ont emmené cette faute
devenue si fatale à la république.

pouvait y pénétrer qu'en passant le Rhin, ou
en traversant de grandes chaînes de montagnes
qui se lient au Gothard, et couvrent l'Italie.

Au moment de l'invasion, la fonte des neiges
avait commencé; elle avait été assez forte pour
grossir le Rhin, mais pas assez pour découvrir
les montagnes ; et c'est relativement à cet état
de choses, que j'ai du régler les projets que j'ai
exécutés du 16 au 18 courant, et dont voici les
dispositions.

La droite commandée par le général de division
Lecourbe, ayant sous lui les généraux de brigade Maynoni et Loyson (1), devait se porter
sur les deux Engadines et les vallées des trois
Rhin.

Le centre commandé par le général Ménard,
ayant sous lui les généraux Lorge, Chabran et
Demont, devait se porter sur la rive droite du Rhin,
depuis Reichenau, jusqu'à la hauteur du Steïg.

La gauche commandée par le général Xaintrailles, ayant sous lui les généraux Audinot et
Ruby, devait se porter par sa droite, aussi sur
la rive droite du Rhin, pour seconder les opé-

---

(1) La brigade de la Valtéline n'ayant pas fait son mouvement, le général Massena n'avait pas cru devoir en par-
ler dans ce rapport.

rations du centre. Elle devait en outre couvrir le reste du Rhin jusqu'au lac de Constance, et porter en avant de Schaffausen un corps qui liat les positions de l'armée de Mayence à celles de l'armée d'Helvétie.

Le 16 à la pointe du jour, l'armée s'est mise en mouvement sur tous les points.

Le général Lecourbe, à la tête d'une des colonnes de droite, s'est porté par Splugen sur Silva-Plana, pour de là continuer sa marche sur les Engadines; il a franchi pour y arriver des obstacles presque insurmontables, par l'énorme quantité de neiges qui obstruaient les passages; et les sages dispositions de ce général n'ont pas peu contribué à l'exécution de ce mouvement : il a battu les ennemis par-tout où il les a rencontrés, leur a fait deux cents prisonniers et a pris six drapeaux aux compagnies Grisonnes qui s'étaient réunies à eux.

Le général Loison, commandant la deuxième colonne de droite, s'est porté sur Dissentis, vallée du Rhin antérieur; il a eu à combattre les habitans de ce canton, les plus fanatisés, et les plus dévoués à la maison d'Autriche; et aux Salis, ils étaient tous en armes, présens sur tous les points, dans des postes inaccessibles, et soutenus par huit cents Autrichiens. La bravoure des troupes Françaises serait devenue inutile contre des obstacles physiquement insurmontables , et l'attaque de Dissentis aurait été totalement infructueuse , si le général Demont, que j'avais fait filer sur Reichenau par le mont Kongels, ne fût tombé sur les derrières des ennemis dont pas un seul n'a échappé.

Le général Demont , commandant une des colonnes du centre, s'est porté sur le Rhin par Vetis et le mont Kongels ; il a longé , par des sentiers forts étroits , des précipices affreux , et s'est emparé des deux ponts qui se trouvent à Reichenau ; l'ennemi sentant toute l'importance de ce poste , est revenu l'attaquer trois fois , et toujours sans succès.

L'objet de la marche du général Demont était de tourner les positions de l'ennemi , dans la vallée de Dissentis et à Coire ; le résultat de son mouvement sur Dissentis prouve combien cette disposition était nécessaire. Il a battu l'ennemi , pris le lieutenant-colonel du régiment de Brechainville qui commandait à Reichenau , deux pièces de canon , deux drapeaux , et toutes les troupes Autrichiennes qui étaient dans cette partie.

Le général Lorge devait passer le Rhin au gué vis-à-vis de Flasch , et les généraux Ménard et

Chabran devaient le passer vis-à-vis de Mayenfeld, mais seulement dès que le général Lorge
aurait effectué son passage. Un bataillon devait
également passer le Rhin à Azmôoz pour me-
nacer de front la redoutable position du Steïg,
dans le temps que les troupes qui auraient passé
le Rhin plus haut l'auraient attaqué par derrière.
Les troupes se mirent en marche dès la pointe du
jour, pour effectuer leur passage. Je me portai
d'abord sur le point d'Azmôos, pour reconnaître
si le pont à chevalets que j'avais ordonné de jetter
dans la nuit l'était effectivement ; mais il n'y en
avait encore que la moitié.

Les ordres étant de se mettre en mouvement à
à la pointe du jour, le chef de la cent-neuvième
ordonna à ses tirailleurs de passer le Rhin au gué
reconnu la veille ; ce ne fut qu'un cri de *vive la
république !* ils s'élancèrent à l'eau avec un dévouement dont on peut à peine se faire une idée ;
le premier bras passé, ils se jettèrent avec le même
dévouement dans le second, mais malheureusement les eaux grossies dans la nuit avaient
rendu cette partie du gué impraticable ; plusieurs
de ces braves furent emportés par le courant.
J'ordonnnai alors à un escadron du septième de
hussards de s'y jetter pour aller à leur secours,
et quelques-uns furent sauvés ; un de mes guides

y périt, et la troupe fut obligée, malgré son intrépidité de rétrograder.

Le pont devenant alors la seule ressource
pour le passage, j'ordonnai au capitaine d'artillerie, chargé de sa construction de redoubler
d'activité.

Les grenadiers aidèrent les sapeurs ; les uns
et les autres, les officiers à leurs têtes, se mirent
dans l'eau, et malgré la rigueur du froid, ils y
aidèrent pendant plusieurs heures à la construction du pont, jusqu'à ce que la profondeur
et la rapidité des eaux rendirent leurs services
impossibles (1).

Pendant que j'étais à activer la construction du
pont d'Azmôos, je fus instruit que le général
Lorge n'avait pu exécuter son passage vis-à-vis
Flach : je m'y portai de suite, et vis bien par

_____

(1) Qu'on juge des difficultés que présentait la construction de ce pont, il était à chevalets et devait être, sans le
secours d'aucune espèce d'engin, placé en grande partie sur
une profondeur de six à sept pieds d'une eau torrentueuse,
et en présence de l'ennemi maître de la rive opposée, et il
fallait le même jour s'établir sur cette même rive : aussi
quelques jours après, lorsque l'ennemi était déjà loin, on
entendait dire à quelques-uns de ces gens, qu'on pourrait
comparer à la *mouche du coche* : ce pont n'est pas bien fait !
voyez donc comme il est mal aligné ! ! ! ......

moi-même que ce passage était inexécutable ; je pris sur-le-champ mon parti ; j'ordonnai aux généraux Ménard et Chabran de faire une fausse attaque sur Mayenfeld , tandis qu'avec la brigade de Lorge j'attaquerais de front la position du Steïg.

A deux heures après-midi le pont fut propre au passage de l'infanterie (1) , et à trois heures la tête de la colonne arrivait au pied du Steïg (2).

---

(1) Le placement de chaque chevalet exigeant au moins une heure et demie de temps , en supposant même qu'on ne l'eût pas manqué , et la journée étant assez avancée pour faire craindre que le jour ne vînt à nous manquer pour prendre position sur la rive droite , on plaça au lieu des quatre derniers chevalets trois grandes poutres qui appuyaient d'un côté sur l'extrémité de la partie construite du pont , et de l'autre sur le terrein de la rive opposée. On lia ensemble ces trois poutres pour diminuer la flexibilité occasionnée par leur longeur , et toute l'infanterie défila là-dessus. Quelques chevaux de main passèrent le Rhin à la nage.

(2) Les seuls passages du Rhin qui eussent réussi , étaient ceux d'entre le Steïg et Feldkirch , deux positions très-fortes dont l'une fermait le débouché des Grisons et l'autre celui du Voralberg , de Bregentz et d'Inspruck. Le général Massena se trouvait alors resserré entre ces deux positions , ayant devant lui la chaîne de hauteurs inaccessibles qui bordent le Rhin , et derrière lui ce fleuve. Les seules com-

J'ordonnai au général Lorge de porter le chef de

munications pour le repasser étaient le pont chancelant
qui venait d'être construit à *Azmôoz*, et le gué incertain
du *Hag*. Il fallait sortir de cette position critique, en s'em-
parant ou de Feldkirch ou du Steïg. Etait-il question d'attaquer Feldkirch? Ce point était éloigné d'une grande journée
de marche du pont d'Azmôoz. Il fallait pour y marcher,
abandonner ce pont que l'ennemi pouvait venir très-aisément
détruire en sortant du Steïg, et quand on aurait occupé
Feldkirch, on n'aurait pas eu pour cela plus de communication
avec la rive gauche, puisque le pont de chevalets ne pouvait pas être déplacé et qu'on n'avait ni pont de bateaux
ni moyens pour en construire plus bas; on se serait en outre
rapproché du noyau des forces de l'ennemi, et éloigné
de notre centre et de notre droite, qu'il ne fallait pas
abandonner. On eut été enfin, après la prise de Feldkirch,
plus mal à l'aise qu'auparavant. S'agissait-il d'attaquer le
Steïg? mais c'était un front de fortifications parfaitement
revêtu, bien fermé par un pont-levis et les autres moyens
de l'art, lié aux hauteurs escarpées de droite et de gauche
par des murs en maçonnerie, flanqués des deux côtés par
des redoutes aussi en maçonnerie. Les montagnes de droite
et de gauche éloignaient tout espoir de le tourner, 1°. parce
qu'elles étaient encore couvertes de plusieurs pieds de neige;
2°. parce que passant le Rhin à deux heures, voulant attaquer à trois, et être maître de la position avant la nuit,
on n'avait pas le temps de faire dans les montagnes voisines
les reconnaissances des moyens de communication, et les
déblais de neige qu'elles eussent nécessités. Mais pour atta-

bataillon Anouil (1) et ses grenadiers sur la
gauche, l'adjoint aux adjudants-généraux Gau-
thier avec une partie des éclaireurs sur la droite,
et le chef de bataillon Durand de la cent-neuvième
avec son bataillon sur le centre, avec ordre à celui-
ci de se presser vers les grenadiers qui étaient à
sa gauche pour seconder l'attaque de la redoute
en maçonnerie qui se trouvait sur la crête de la
montagne, et qui empêchait de tourner la position,
et ces troupes furent successivement soutenues.

L'attaque fut faite sur ces trois point avec la

quer les ouvrages en maçonnerie, on n'avait que des bayonnettes, pas une échelle, pas une pièce de canon. Il est vrai
que si l'on parvenait à se rendre maître de la position, on
acquérait un point d'appui contre les tentatives que l'ennemi pouvait faire par le Voralberg, on coupait toutes les
troupes ennemies qui étaient dans la vallée supérieure du
Rhin, on se réunissait à notre centre et à notre droite, on
acquérait enfin une communication certaine avec la rive
gauche du Rhin par le Zollbruck, ou tel autre pont qu'on
aurait établi au-dessus de Flasch; et ces avantages déterminèrent le général Massena à cette attaque périlleuse. Il
mit en avant des moyens qui n'étaient pas nombreux, mais
vigoureux. Il dirigea l'affaire en personne, et il réussit.

(1) Le chef de bataillon Anouil a été nommé sur-le-
champ de bataille, par le général Massena, au grade de
chef de brigade, pour la bravoure, la sagesse et l'intelligence qu'il avait mises dans cette attaque importante.

plus grande vigueur : l'ennemi dans ce nouveau
Gibraltar (1) avec cinq bouches à feu et dix-huit
cents hommes, fit la plus vigoureuse résistance ;
jamais on ne mit de part et d'autre autant d'opiniâtreté ; quatre fois nos braves se présentèrent
pour grimper la fameuse redoute en maçonnerie,
et quatre fois ils furent repoussés. La nuit était
close, et le combat durait encore avec le même
acharnement, lorsque fatigué de la résistance
inattendue des Autrichiens, je fis marcher quatre
compagnies qui me restaient encore, dans le
même moment que partie de la gauche entrait
dans la redoute supérieure, et que partie descen-
dait sur le terre-plein de l'ouvrage, et en enfonçait

---

(1) Nous n'avions pas une seule pièce de canon ; la quantité de neige qui était accumulée sur les montagnes de
droite et de gauche ne permettait de diriger l'attaque que
sur le centre, en se pressant un peu sur la gauche. Pour
surcroît de malheur, au moment de l'attaque il était tombé
un pouce environ de neige fondante, qui avait rendu le
terrein découvert extraordinairement glissant. Sur les pentes
les plus douces on faisait un pas, et on en reculait deux; on
ne pouvait grimper sur cette montagne de gauche, qu'en
enfonçant les ongles dans le terrein, ou en s'accrochant à
la culasse du fusil de celui qui se trouvait un peu plus
haut, et tout cela était assaisonné d'une grêle de balles,
de boulets et de mitrailles qui ne diminuait pas les difficultés.

par-dedans les portes pour en faciliter l'entrée : alors s'engagea un nouveau combat à la bayon-nette, grand nombre d'ennemis se fit tuer plutôt que de se rendre ; le chef de bataillon du génie Marès à resté tout le temps de l'action à la tête des tirailleurs, et est entré un des premiers dans la redoute.

La prise de ce fort nous a valu cinq pièces de canon, huit cents prisonniers et plusieurs offi-ciers ; le commandant s'est fait tuer plutôt que de se rendre.

Sur la gauche, le général Ruby a pris position en avant de Schaffausen, et a établi par-là la communication de l'armée avec celle de Mayence.

Le général Audinot, commandant une des co-lonnes de gauche dont l'objet était de prendre position sur la route de Feldkirch avec une partie de ses troupes et de se porter avec le reste sur le Steïg, a passé le Rhin au gué du Hag, qui, quoique moins impraticable que les autres, pré-sentait néanmoins, à raison de la crue des eaux, de grandes difficultés : son passage n'ayant pu être effectué que fort tard, il a pris position sur la rive droite du Rhin, malgré les efforts de l'en-nemi qui a été repoussé avec perte de cent prison-niers.

Le lendemain 17, je suis parti du Steïg avec la

brigade du général Lorge, pour me porter d'abord sur Mayenfeld, et ensuite sur la rivière de la Lanquart, tandis que les généraux Chabran et Ménard devaient, le premier passer le Rhin au gué au-dessus de Mayenfeld, et le deuxième au pont de Zollbruck lorque je m'en serais rendu maître.

A notre approche l'ennemi a abandonné les positions de Mayenfeld et de Zollbruk, pour se retirer derrière la Lanquart, ne laissant que quelques postes que mon adjudant-général Reille avec quelques-uns de mes guides ont enlevé.

Je faisais mes dispositions pour forcer l'ennemi derrière la Lanquart, lorsque j'appris que le général Audinot qui se mettait en mouvement pour exécuter ses instructions, était vivement attaqué par des forces supérieures ; j'ordonnai sur-le-champ au général Lorge de marcher à son secours avec une demi-brigade.

Je continuai mes dispositions pour l'attaque de la Lanquart, mais l'ennemi ne crut pas devoir m'attendre dans cette position ; il se retira en bon ordre, se dirigeant sur Coire ; et ce ne fut qu'en avant de Zizers qu'il prit de nouveau position, sa droite aux montagnes, et sa gauche au Rhin.

Débusqué encore de cette position ; il en reprit successivement plusieurs autres, mais ne pouvant tenir dans aucune, il s'arrêta enfin sur les hauteurs en avant de Coire pour tenter un dernier effort.

Fatigué de cette longue résistance, et voulant frapper le coup décisif, je fis serrer en masse les bataillons de la trente-septième et cent-troisième et les fis marcher dans cet ordre redoutable au pas de charge.

Ces troupes ayant à leur tête le général Chabran, son aide-de-camp Bergier, le chef de la trente-septième demi-brigade Lacroix, et mon aide-de-camp Ducos, enfoncèrent les rangs ennemis, et dans un instant ces troupes secondées par la charge des hussards du septième mirent l'ennemi en pleine déroute; il se trouva cerné par le mouvement que j'avais fait faire aux grenadiers et aux éclaireurs qui avaient longé ses flancs, et s'étaient portés rapidement sur le chemin du Tirol, ce qui lui coupait toute retraite.

Le général Offemberg, commandant l'armée, et un major Hongrois ont été faits prisonniers par le chef de brigade Lacroix, vieillard de plus de soixante ans; nous avons fait dans cette journée trois mille prisonniers environ, pris trois drapeaux, seize pièces de canon, un attirail immense d'artillerie, et des magasins de fourrage et de farine, mais cette dernière denrée est presque toute avariée.   Pendant

Pendant que je poursuivais l'ennemi sur Coire, le général Audinot ayant avec lui la quatorzième d'infanterie légère, les compagnies de grenadiers et éclaireurs de la quatre-vingt-quatrième, deux escadrons du treizième de dragons, et trois pièces d'artillerie légère, était, ainsi que je l'ai déjà dit, vigoureusement attaqué sur tous les points par des forces bien supérieures ; mais ses sages dispositions et la valeur du soldat suppléèrent au nombre. Après un combat de plusieurs heures, les troupes se trouvaient sans munitions, mais leurs bayonnettes leur restaient.

Le général Audinot fait battre la charge, se met à la tête de ses dragons, enfonce et poursuit l'ennemi qui ne doit son salut qu'à ses retranchemens. On doit les plus grands éloges aux talens et au sang-froid de ce général ; on doit aussi la même justice à ses troupes dont le courage n'a été ralenti ni par le nombre des ennemis, ni par le manque de munitions.

Le brave Muller, chef de la quatorzième légère, a été tué en poursuivant l'ennemi jusqu'auprès de ses retranchements : cet officier d'un mérite distingué emporte les regrets de l'armée.

Cette journée a valu au général Audinot quatre pièces de canon et mille prisonniers, parmi lesquels sont plusieurs officiers.

B

‹ Le résultat de ces opérations est l'occupation du pays des Grisons, et de partie du Voralberg, la prise de trente-quatre pièces de canon avec leurs munitions, de quatorze drapeaux, dont onze enlevés aux légions soldées des Grisons, de plusieurs magasins de fourrages et de farines, de cinq mille cinq cents prisonniers Autrichiens, parmi lesquels le général Offemberg, commandant les troupes Autrichiennes et Grisonnes, les colonel, lieutenant-colonel et major du régiment de Brechainville, et beaucoup d'autres officiers supérieurs et subalternes.

L'ennemi a laissé une grande quantité de morts sur le champ de bataille ; nous avons à regretter une centaine de morts, et nous comptons environ deux cent cinquante blessés.

Généraux, officiers et soldats, tous ont fait leur devoir et se sont conduits avec la plus grande bravoure ; je ferai connaître au directoire ceux qui se sont particulièrement distingués, comme aussi ceux pour qui je demande de l'avancement.

Au quatier général de Coire, le 23 ventose, l'an 7 de la République Française.

Le général en chef,

Signé Massena.

Pendant que la gauche et le centre de l'armée obtenaient sur les ennemis des avantages si brillants , malgré la privation des choses les plus nécessaires à la guerre , la droite , sous les ordres du général Lecourbe , lutait avec le plus grand succès contre les hommes , les éléments et la privation des choses les plus nécessaires à la vie. Ses efforts semblaient être en raison inverse de ses moyens. Ce général s'était avancé jusques dans les Engadines , et était déjà à la hauteur de Martinsbruck , qu'il n'avait aucune nouvelle du corps du général Dessoles.

Les difficultés élevées pour la marche de ce corps, la longueur des communications entre les Engadines et la vallée des trois Rhin , la stagnation que cela portait dans les opérations , l'impatience qu'avait le général Massena de terminer la partie décisive du projet de campagne, avaient porté chez lui une avidité inquiète de connaître par lui - même nos positions et nos moyens dans les Engadines , et il était prêt à s'y porter en personne ; mais ses craintes sur les événemens qui se préparaient en Allemagne , où l'immense supériorité des ennemis lui faisait regarder des revers comme inévitables , le déterminèrent à ne pas abandonner la vallée du Rhin ; il envoya alors en Engadine un officier de confiance , avec ordre de tout voir, de lui rendre un compte fidèle de tout ce qu'il était utile de connaître, et enfin de ne lui rien cacher.

Cet officier trouvait sur tous ses pas les preuves de la valeur de nos troupes. Les débouchés des Alpes Rhétiques et Juliennes, et le vallon des Engadines, n'étaient, sur plus de vingt-cinq lieues de long, qu'un vaste champ de bataille jonché de morts, de débris d'armes, de fournitures et de vêtemens.

Voici comment le général Massena a rendu compte au directoire exécutif des diverses actions qui avaient eu lieu dans les Engadines.

Coire, le 23 ventôse an 7.

Citoyens Directeurs,

Le général Lecourbe qui devait se porter sur Funstermunster, et que je vous annonçais être, par ma dernière dépêche, à Sylva-Plana, a rencontré en suivant son mouvement les troupes Autrichiennes en force, les a complettement battues, leur a pris deux pièces de canon, et leur a fait deux mille deux cents prisonniers ; il les poursuit, et je puis presque vous assurer, d'après les dispositions prises, que pareil nombre de prisonniers tombera encore en son pouvoir, ce qui portera la perte de l'ennemi à dix ou onze mille hommes.

Dans la position actuelle, cette prise m'a paru d'un intérêt assez majeur pour vous être communiquée par un courrier extraordinaire.

Salut et respect.

Signé MASSENA.

P. S. Citoyens Directeurs, je décachette ma lettre pour vous rendre compte de la perte réelle de l'ennemi. Le général Lecourbe, m'en fait part dans un second rapport qui m'est remis à l'instant même par son aide-de-camp.

Le nombre des prisonniers faits à l'ennemi s'élevait au moment du départ de la dépêche à trois mille six cents Autrichiens, parmi lesquels sont un lieutenant-colonel, deux majors et cinquante officiers. L'ennemi a eu, en outre, beaucoup de morts et de blessés ; nous lui avons pris beaucoup de munitions de guerre ; il se trouve trente caissons environ de cartouches ; elles sont arrivées d'autant plus à propos qu'il eût été possible que nos troupes en eussent manqué.

Le général Lecourbe poursuit l'ennemi ; dans ce moment il aura pris position à Funstermunster.

Je ne puis donner assez d'éloges à la conduite du général Lecourbe et aux troupes qu'il commandait , qui n'ont été rebutées ni par la difficulté des chemins , ni par la rigueur excessive du froid , ni par l'énorme quantité de neige, et qui ont puisé dans les obstacles même de nouvelles forces.

Les conscrits , pour la première fois qu'ils ont été au feu , ont montré par-tout où ils se sont trouvés un courage qui a été admiré par les plus vieux soldats de l'armée.

A cette dépêche était jointe la lettre suivante du général Lecourbe au général Masséna.

Schulz , le 25 ventôse an 7.

Je vous dois, mon général , quelques détails sur ma position actuelle. Par mes lettres du 25 du courant, que vous a portées mon aide-de-camp , vous avez vu les succès que j'ai eus sur l'ennemi.

N'ayant pas de nouvelles du corps de troupes qui m'était annoncé de l'Italie , et voulant m'as-

surer qu'il était à Sainte-Marie ; j'avais laissé un
bataillon de la quarante-quatrième à Zernetz,
pour garder la vallée qui conduit dans ce dernier
lieu, sur-tout sachant que le général Laudon
s'était retiré par-là.

Je m'étais porté avec ma brigade de gauche,
hier 24, sur Martinsbruck et Funstermuntz que
j'ai fait attaquer vigoureusement ; mais l'ennemi
qui avait trois pièces de canon dans le premier
de ces villages, et qui avait retardé ma marche en
brûlant quelques ponts, m'a opposé une vigoureuse résistance. Cette brigade s'est battue toute
la journée ; mais voyant mes troupes exténuées
de fatigue et de faim (mes marches rapides
ayant empêché mes convois de suivre), j'ai fait
retirer mes troupes en faisant mes bivouacs en
présence.

J'attendais la brigade du général Mainoni, qui
me suivait par échelons, et j'étais décidé d'attaquer vivement demain 26, lorsque ce matin,
pendant que mes troupes se mettaient en mesure, j'ai été attaqué sur trois points différents,
à Zernetz, à Schulz et à Martinsbruk. Le général Laudon était en personne sur celui de
Schulz ; trois compagnies de grenadiers que j'y
réunissais, se trouvaient dans ce lieu avec le

général Mainoni ; surpris par l'ennemi , qui est
tombé des montagnes par Scharlethal , il y a eu
une petite déroute qui a occasionné la prise du
général Mainoni, de son aide-de-camp, de quelques autres officiers et grenadiers.

J'avais couché à Remus , et j'étais tout près
de Schulz , où je venais m'établir , lorsque j'ai
vu l'ennemi sur la route qui y conduit ; la plupart
des grenadiers se retiraient sur Feta. J'ai couru
chercher un bataillon de la trente-huitième qui
allait aux avant-postes ; je suis revenu au pas de
charge ; j'ai repris le village et fait trois cents
prisonniers ; mais malheureusement, pendant l'in-
tervalle de ma course, l'ennemi a eu le temps de
faire conduire dans la gorge le général Mainoni
et les prisonniers qu'il avait faits ; je n'ai pu le
rattraper ; son aide-de-camp a été blessé et pris ;
le général n'a eu aucun mal et n'a rien perdu.
L'ennemi a pris aussi une dixaine de chevaux des
chasseurs qui n'ont pas eu le temps de monter à
cheval.

L'attaque sur Martinsbruk a été repoussée avec
perte du côté de l'ennemi.

Celle sur Zernetz , dont j'ai des nouvelles à
l'instant, ne lui a pas mieux réussi.

L'ennemi s'était aussi emparé du village , à
trois heures du matin, mais le bataillon de la

quarante - quatrième s'est rallié et a repoussé aussi l'ennemi.

Ces mouvements de l'ennemi sur moi, vous prouvent que le corps de troupes attendu d'Italie, n'est point en mesure, puisque je reçois aujourd'hui une lettre datée de Tirano, du 23, qui me dit que ce corps commence son attaque dans le val de Bormio : on m'annonce aussi la prise de sept cents prisonniers qui, à mon passage, s'étaient jettés dans la Poschiave, et qui se sont rendus à lui.

Je pense que le général Laudon se dégoûtera de m'attaquer ; car je peux me flatter que, dans trois affaires que j'ai eues, je lui ai pris ou tué quatre mille hommes : il est vrai que j'ai perdu le général Mainoni et quelques autres officiers.

Je n'ai pu encore recueillir les actions d'éclat qui sont en grand nombre.

Les conscrits qui ont completté la trente-sixième demi-brigade, se conduisent parfaitement devant l'ennemi.

Salut respectueux,

Signé Lecourbe.

Pour copie conforme,

Signé Massena.

Le général Lecourbe, jaloux d'exécuter littéra-
lement l'instruction du général Massena qui sup-
posait le concours du corps de la Valteline, s'était
porté malgré l'immobilité de ce corps et la faiblesse de celui qui était sous ses ordres, bien
plus loin que la prudence ne le lui permettait, et il
avait son flanc droit découvert sur plus de
douze lieues de développement. Il se battait malgré cela tous les jours, manquant de pain et avec
des soldats tombant d'inanition; la plupart des
officiers supérieurs étaient morts, ou hors de
combat, il n'avait plus de généraux; Mainoni
avait été pris, et il n'avait aucune nouvelle de
Dessoles; on peut dire enfin que le général
Lecourbe et les troupes qu'il commandait étaient
mis aux plus rudes épreuves. Pour mettre le
comble à cette position critique, un officier en-
voyé par le général Dessoles lui annonçait que
ce général était encore à *Tirano*, que le fort im-
portant de Bormio n'étant occupé que par soixante
Cisalpins venait d'être enlevé par l'ennemi qui y
avait pris position; que le général Dessoles les
avait attaqués, et qu'il n'avait encore obtenu que
des demi-succès, etc.

Ces renseignements transmis fidèlement au général Massena, dans un moment où on le laissait manquer de tout, où il voyait les soldats

prêts à périr de misère et de faim , où les opérations les plus décisives étaient manquées par
l'inexécution formelle des ordres qu'il avait
donnés , où il voyait l'impossibilité d'en organi-
ser avec succès de nouvelles, et avec tout cela la
presque certitude des désastres que devait entraîner l'incohérence des mesures au moyen desquelles on avait cherché à assurer le succès de la
campagne, le déterminèrent à demander au gouvernement d'être remplacé dans le commande-
ment de l'armée d'Helvétie.

En attendant que cette demande fût accueillie
par le gouvernement, le général Massena se détermina à pousser ses opérations avec vigueur. Il
fit faire sur Feldkirch des reconnaissances pré-
paratoires , et il en fit ensuite lui-même ; mais
ayant apprécié cette position , il se détermina à
un mouvement que les revers de l'armée d'Allemagne l'empêchèrent de terminer. Il renforça le
général Lecourbe , lui envoya des officiers généraux et particuliers dont il manquait, et les
moyens dont il pouvait disposer , avec ordre
de s'emparer de Glurentz, Nauders et Funstermunster, principaux débouchés du Tirol.

Dans le même temps l'armée du Danube était
marchée en avant et la supériorité du nombre
des ennemis, ayant décidé sa retraite sur le Rhin

elle laissait à découvert toute la gauche de
l'Helvétie. Le général Masséna instruit de cet
évènement , fit sur-le-champ de nouvelles dispositions pour couvrir cette gauche ; il s'y porta
en personne, rappela à lui les renforts qu'il avait
fait passer en Engadine, et donna l'ordre de ne
pas faire l'attaque de Glurentz et Funstermunster ; mais il était déjà trop tard, et ces positions
avaient été enlevées par les troupes de la République.

Voici comment le général Massena en rend
compte au directoire exécutif,

Au quartier-général à Rheinek ,
le 8 germinal an 7.

Citoyens Directeurs ,

J'avais donné l'ordre au général Lecourbe
d'attaquer Funstermunster , et à la division de
l'armée d'Italie dans la Valteline , sous mes
ordres , d'attaquer Glurentz. Ce général a exécuté, comme à son ordinaire son mouvement,
et ses dispositions ont été faites avec tant de
sagesse que l'ennemi a été complétement battu.
Le fruit de cette victoire est sept mille prison-

niers et ving-cinq pièces de canon. Les plus
grands éloges sont dus aux troupes qui com-
posent les deux divisions, et aux braves généraux qui les ont conduites. Le général Lecourbe
fait le plus grand éloge des conscrits.

D'après ce que le général Lecourbe me mande,
Funstermunster, Nauders et Glurentz sont occu-
pés par nos troupes.

J'aurai l'honneur, citoyens directeurs, de
vous faire connaître plus en détail les circonstances de cette brillante affaire qui a eu lieu le 6
germinal.

Salut et respect.

Signé MASSENA.

Cette affaire ne pouvait guères être ignorée
par le gouvernement : car le général en chef de
l'armée d'Itatie lui en a aussi rendu compte ;
tant il est vrai que les grandes victoires des
armées de la République appartiennent à tous les
républicains.

Voici les détails transmis par le général Dessoles, au général Schérer de la partie de cette
affaire qu'il avait dirigée sous les ordres du général Lecourbe.

Le général de brigade Dessolles, comman-
dant la division de gauche de l'armée
d'Italie, au général Schérer, commandant
en chef.

Au quartier-général de Malz,
le 6 germinal an VII.

G É N É R A L ,

J'ai attaqué hier, 5 du courant, l'ennemi, à
la pointe du jour ; il était fort de 7000 hommes,
derrière des retranchemens formidables, sur lesquels étaient en batterie 18 pièces de canon. J'a-
vais pour l'attaquer 4500 hommes et 2 pièces de
trois. Ma position était telle à Sainte-Marie, que
je ne pouvais avoir un demi-revers, puisque j'é-
tais, pour ainsi dire, sans retraite, les communications de Sainte-Marie à Bormio étant affreuses
et par des défilés qu'un homme de front seul
pouvait passer ; il n'y avait qu'une attaque auda-
cieuse pour en sortir.

L'ennemi appuyait la gauche de ses retranchemens à un torrent dont la direction suivait le
flanc de sa ligne. Après avoir reconnu sa position,
je tâchai de resserrer ses postes et de m'avancer
le plus près de lui qu'il me serait possible. Je pro-
fitai pour cela du village de Munster, que j'oc-
cupai, et que je fis retrancher.

Je disposai mon attaque de manière à prendre ma ligne sur son flanc le long du torrent, ma droite pénétrant la ligne de l'ennemi, et ma gauche refusée appuyant au village de Munster.

La douzième demi-brigade d'infanterie légère, qui était à ma droite, fut chargée de la principale attaque avec un bataillon de la trente-neuvième de ligne pour la soutenir ; les deux bataillons de l'expédition formaient ma gauche, et le deuxième bataillon de la trente - neuvième la réserve.

L'attaque commença un moment avant le jour, par les tirailleurs que j'envoyai sur la droite de l'ennemi : au premier coup de fusil, la douzième s'ébranle, culbute les premiers postes sans tirer, se jette dans le torrent, et pénètre, à l'abri de l'artillerie, jusqu'à la hauteur de ses retranchemens ; elle débouche ensuite et tourne la première redoute. Pendant ce temps, le premier bataillon de la trente-neuvième marchait en bataille sur le front de cette même redoute : elle est aussitôt enlevée ; sans perdre un instant, la douzième prend la route de Glurentz, et se place sur les derrières de l'ennemi. Dès que la première redoute est enlevée, j'ordonne à ma gauche de s'avancer sur la droite de l'ennemi ; elle était disposée sur plusieurs lignes en échelons. Le

deuxième bataillon de la trente-neuvième , qui
était de réserve , la soutenait par une ligne pleine:
elle a marché ainsi dans un ordre admirable , jus-
que sous les retranchemens des ennemis, et sous
le feu le plus vif ; ensuite elle s'est jettée dans
les retranchemens , et l'ennemi a été par-tout
culbuté.

Le résultat de cette journée a été de 1200 Autrichiens couchés sur le champ de bataille , 4500
prisonniers , 18 pièces de canon avec leurs atte-
lages et caissons.

Parmi les prisonniers, on compte quatre colo-
nels et environ 150 officiers. La cavalerie et quelque peu d'infanterie ont eu le temps de se retirer
par la route de Glurentz ; le général Laudon ,
qui se trouvait coupé , n'a pu se sauver qu'à
travers les montagnes avec 300 hommes du régiment de Wallis ; il a risqué de périr dans les
neiges.

Je ne saurais assez faire l'éloge des corps qui
ont combattu dans cette journée. Toutes les dispositions ont été exécutées avec une précision
vraiment étonante. Il s'est fait des prodiges de
valeur. Je vous en ferai passer les détails dès que
les chefs de corps me les auront envoyés. Le chef
de brigade Valosie ; ainsi que ses deux chefs de
bataillon Coste et Baile , ont exécuté les mouvemens

mens dont ils étaient chargés, avec la plus grande
intelligence, Le chef de bataillon Maumne, qui
commandait le premier bataillon de la trente-
neuvième ; a été blessé d'une balle qui lui a
traversé la cuisse, et a eu ses habits criblés de
mitraille. Cet officier ne pourra servir de la campagne, et c'est vraiment une perte.

Le citoyen Prompt, chef de la trente-neuvième
a aussi très-bien manœuvré, ainsi que le général
de brigade Lechi qui commandait les deux bataillons de l'expédition. L'adjudant-général Fres-
sinet, que j'avais chargé de donner le signal du
mouvement de la droite, a saisi le moment de
s'ébranler d'une manière qui fait honneur à ses
talens militaires. Le chef de bataillon Imhoff commandait les deux bataillons de l'expédition ,
comme s'il eût été sur le terrein d'exercice ; tous
les officiers de l'état-major se sont aussi fort bien
conduits ; s'il fallait vous nommer tous les braves, je n'en finirais pas : ceux qui ont eu l'oc-
casion de se distinguer plus particulièrement ,
sont les citoyens Long et Berol, capitaines commandant les tirailleurs, le citoyen Boreille, capitaine de carabiniers de la douzième. Il y a eu
aussi plusieurs officiers de grenadiers de la trente-
neuvième grièvement blessés, entr'autres le
capitaine Guilber, soldat intrépide.

é

Nous avons perdu 60 hommes tués, et près de 200 blessés.

J'arrivai hier soir à Glurenz que j'ai fait occuper ce matin. L'ennemi a reçu du renfort de Bolzano. Il occupe actuellement une position devant moi, avec trois bataillons, quatre cents hommes de cavalerie, et deux pièces de canon. Comme j'ignorais le succès de l'attaque que le général Lecourbe devait faire sur Nauders, je n'ai point voulu attaquer l'ennemi de crainte de trop m'avancer; cependant il s'est engagé ce matin une affaire d'avant-postes, qui a amené un événement bien douloureux; le petit bourg de Glurenz a été totalement incendié, sans qu'on ait pu arrêter les progrès du feu. On ignore la cause de l'incendie; il s'est manifesté au moment de la fusillade, et comme toutes les troupes étaient sous les armes, on n'a pu d'abord y porter du secours. Comme ce bourg était bâti en bois, le feu a fait des progrès rapides, et l'explosion d'un magasin à poudre a ôté tous les moyens de l'arrêter. Je suis réellement navré de cet événement.

J'ai reçu ce soir des nouvelles du général Loison qui m'annonce que le général Lecourbe a pénétré sur Nauders, après avoir fait trois mille prisonniers, et pris sept pièces de canon.

Je vous recommande tous les officiers qui se sont signalés dans cette journée.

Salut et respect,

Signé DESSOLLES.

P. S. Les deux compagnies de grenadiers de la troisième demi-brigade Cisalpine, qui etaient attachées aux bataillons d'expédition , se sont battues de manière à n'appercevoir aucune différence entr'eux et nos plus braves.

Pour copie conforme ,

Le général en chef des armées d'Italie et Nap es.

Signé SCHÉRER.

Soit hasard , soit combinaison , les affaires s'arrangeaient sur toute notre ligne d'une manière bien fâcheuse. Le prince Charles avait réuni ses forces pour écraser le généal Jourdan , et on eût dit que l'armée d'Italie attendait pour se mettre en mouvement, quel'ennemi, après avoir écrasé notre armée du Danube , eût u faire sur l'Italie des détachements suffisants pour l'y écraser elle-même à son tour.

Les premiers jours de germinal furent effecti=

vement employés par l'armée du Danube à se
faire écharper par un ennemi triple en nombre,
pour se retirer en suite sur le Rhin français.
Les reste des deux premières décades fut
employé par l'ennemi à faire filer par échelons ,
vers l'armée Autrichienne d'Italie , un renfort
de vingt-cinq mille hommes. La troisième décade
le fut par notre armée d'Italie à s'épuiser en attaques infructueuses, et le mois suivant à se
faire écraser sur tous les points par des forces
infiniment supérieures.

Ces évènements commençaient à prendre une
marche sérieuse, et la retraite de l'armée du
Danube sur le Rhin , à rendre critique la position de l'armée d'Helvétie. Cette armée avait sa
droite aux débouchés du Tirol, Glurentz et Funstermunster , son centre dans la vallée du Rhin,
au-dessus du lac de Constance , et sa gauche
sur le Rhin au-dessous de ce lac jusqu'à Bâle.
On n'ose pas dire de combien de troupes elle était
composée tant elle était faible , eu égard au développement du terrein qu'elle avait à garder , et
au nombre de troupes qu'elle avait à combattre. L'ensemble de sa position était on ne peut
pas plus précaire sur son centre : la position du
Steïg couvrait seule la communication de sa
droite à sa gauche, et cette position qui, lorsque

nous l'avions attaquée , était si forte par la
quantité énorme de neiges qui obstruait les
montagnes de droite et de gauche et en réduisait
l'attaque au seul front de fortifications qui fermait la gorge, devenait tous les jours plus faible
à mesure que la fonte des neiges augmentait, sur
cette droite et cette gauche, son développement,
et que l'extension de la ligne totale des positions de l'armée forçait à la diminution des
forces employées à la garde de chaque partie.
Le danger de cette position était tel que le
moindre succès de l'ennemi sur le Steïg , coupait en deux cette armée d'Helvétie , déjà si petite , réduisait la droite à périr de faim , ou à se
rendre , et la gauche à un tel état de faiblesse
qu'elle aurait été imperceptible dans le vague
du terrein qu'elle aurait eu à défendre.

Abandonner, dans ces circonstances, un poste
dangereux, ajouter à la désorganisation occasionnée par les évènements celle qui résulte
nécessairement d'un changement de commande-
ment, et être tranquille au coin de son feu lorsque la chose publique est en danger, ce n'était
pas dans le caractère du général Massena : aussi
nos revers ne furent pas plutôt prononcés , que
malgré le mécontentement qu'il éprouvait de
l'insuccès de toutes les démarches qu'il avait faites

pour les prévenir , pour les éloigner de l'armée
qu'il commandait , il renonça à tout projet de
retraite et déféra sans hésiter à l'invitation que
lui fit le directoire de conserver le commande-
ment. Il ne craignit pas de commettre sa tran-
quillité et sa gloire aux chances d'une carrière
qui ne pouvait être que malheureuse , et consé-
quemment humiliante pour l'homme qui n'avait
pas contracté l'habitude de reculer ; mais les in-
térêts de son pays lui étaient encore plus chers
et l' importèrent sur toute autre considération.
Cette determination et celle d'ajouter à son com-
mandement celui de l'armée du Danube , four-
nissent la mesure de son dévouement à la chose
publique.

Ces deux commandements réunis, le général
Massena dut se former un systême tel que , tenant
en échec toutes les forces que l'ennemi avait
dans la Souabe , le Voralberg et le Tirol , il pût
en même temps défendre le Rhin français et la
Suisse , et occuper les positions qui pouvaient
assurer la gauche du systême de nos opérations
en Italie. On ne parlera pas ici des éléments de
ce systême de défensive, éventuellement active,
qu'il avait adopté ; la guerre n'est pas encore
terminée , et il ne faut pas publier les détails que
nos ennemis doivent encore ignorer ; reste que

son objet a été parfaitement rempli , qu'il a
défendu au-delà de toute espérance les têtes des
vallées de l'Inn et de l'Adda , du Tesin et du
Rhin , et qu'il ne les a successivement abandonnées , que lorsque notre armée d'Italie s'étant
éloignée de la partie inférieure de celles de ces
vallées qu'elle devait défendre , notre droite se
trouvait presque cernée par les troupes ennemies ,
lorsque ces mêmes troupes ont attaqué nos postes
affaiblis par de forts détachements et par la certitude d'être réduites , si elles y restaient , à y
périr bientôt de misère et de faim. Il ne les a
abandonnées enfin qu'en forçant l'ennemi , par
une résistance sans exemple , à faire un sacrifice
énorme d'hommes et de moyens. Toutes ces circonstances se sont retrouvées dans toutes les actions et les marches des généraux Lecourbe ,
Demont et Loison , depuis Funstermunter et Glurentz , jusqu'à Bergun , Chiavena , Splugen ,
Belinzonna , Altorf , et Schwitz; dans celles des
généraux Ménard , Audinot et Chabran , depuis
les positions de devant Feldkirch , jusqu'au
Steïg , Zollbruck , Vallenstat , Wesen et Raperschwill ; dans celles du général Suchet , de
Davos , Bergun , Coire sur Dissentis , le Gothard ,
Altorf et Raperschwill ; dans celles des généraux
Lorge et Humbert , des positions du Schollberg ,

Alstelten, Reineck et St-Gall, sur l'Appenzell et le lac de Zurich.

Quelques détails de ces opérations sont consignés dans les lettres suivantes.

Massena , général en chef , au Directoire exécutif de la République française.

Au quartier-général à Zurich ,
le 7 floréal an 7.

Citoyens Directeurs ,

J'ai reçu , dans ma route de Bâle à Zurich , une dépêche extraordinaire venant du général Lecourbe , par laquelle il me rend compte d'une affaire qui vient de se passer à la division de droite de l'armée d'Helvétie : je m'empresse de vous en transmettre les détails.

Le 3 floréal , l'ennemi a attaqué avec des forces supérieures les positions les plus essentielles du général Lecourbe ; il a dirigé ses principales attaques sur les points de Manosse et de Remus; dans son premier choc, il a repoussé nos troupes, et il a occupé le village de Remus ; mais le second bataillon de la quarante-quatrième demi-brigade , ayant à sa tête son chef de brigade Sodenr , a marché audacieusement à l'ennemi , et l'a repoussé jusques dans les montagnes dont il venait de descendre , après s'être emparé au pas de charge du village.

Pendant que ceci se passait, le premier bataillon de la même demi-brigade battait et repoussait l'ennemi à Schelins et Pont-Martin , où les attaques ont été aussi infructueuses que sur le reste de la ligne.

Nous avons fait dans cette journée huit cents prisonniers à l'ennemi, parmi lesquels sont un major , six capitaines , six lieutenants et cinq enseignes ; sa perte en morts ou blessés s'élève à plus de quatre cents hommes.

Le général Lecourbe , en faisant une mention particulière de la quarante-quatrième demi-brigade , rend aussi justice à la bravoure de toutes les troupes qui se sont battues dans cette affaire; il se loue essentiellement de son artillerie.

Du 14 floréal an 7.

Le général de division Menard , commandant le pays des Grisons, me rend compte que, le 12 de ce mois , à la pointe du jour , l'ennemi l'a attaqué avec des forces supérieures dans la gorge de la Lanquart , et sur les points deLucisteig et Flesch.

Une colonne forte de deux mille hommes , qui devait tourner le Lucisteig , a débouché par

l'lesch, et est descendue par la montagne. L'ennemi espérait faire sa jonction avec les troupes
qui auraient forcé le passage de la Lanquart.

Nos postes se sont repliés devant cette colonne,
et on l'a laissée s'engager jusqu'à la hauteur de
Mayenfeld. Le général Chabran, à la tête d'un
bataillon de la cent-neuvième demi-brigade, l'a
chargée impétueusement, l'a forcée de mettre bas
les armes et l'a faite prisonnière de guerre en
entier.

Quelques-uns de nos postes sur la Lanquart,
obligés de céder au nombre, se sont repliés ; mais
bientôt ils ont repris l'offensive, et ont culbuté
l'ennemi de toutes parts. Nous occupons toutes
nos positions

Le même général me rend compte encore,
citoyens directeurs, que le général Lecourbe a
été attaqué la veille (11 floréal), sur tous les
points de sa ligne ; que l'action s'est engagée à
trois heures du matin, et n'a fini qu'à la nuit.

L'attaque dirigée sur Zernetz, par la vallée de
Sainte-Marie, quoiqu'entreprise avec cinq bataillons, a été reçue avec intrépidité par nos troupes.
L'ennemi a été repoussé, et on lui a fait cinq
cents prisonniers, parmi lesquels se trouvent dix
officiers et le jeune prince de Ligne, premier
major du régiment de ce nom.

L'attaque faite sur la position de la Veranka n'a pas mieux réussi. Quatre fois l'ennemi a voulu emporter d'assaut nos retranchements, et quatre fois il a été repoussé. Il a laissé plus de deux mille morts sur-le-champ de bataille ; il a eu le même nombre de blessés.

L'ennemi n'a pu pénétrer que par le seul point de Scharla , et s'est porté à Trasp.

Le général Lecourbe fait le plus grand éloge de la bravoure et de l'intrépidité avec lesquelles toutes ses troupes se sont battues ; il a eu affaire dans cette journée à quinze mille hommes.

En même temps que l'ennemi dirigeait des attaques aussi sérieuses sur nos positions dans les Grisons et dans la Valteline , il nous canonnait sur la ligne du Rhin , et faisait des dispositions qui annonçaient l'intention de tenter un passage.

Du quatier-général de Saint-Gall,
le 16 floréal an 7.

J'ai l'honneur de vous rendre compte que le général Lecourbe , après plusieurs combats opiniâtres, dans lesquels il a fait éprouver des pertes énormes à l'ennemi , triple au moins en nombre , a cru devoir remonter l'Inn et se porter sur Bellinzonna.

Dans ces divers combats , où l'ennemi a perdu plus de six mille hommes , le général Lecourbe a eu environ sept cents hommes tués , blessés ou prisonniers ; on s'est battu avec un acharnement sans exemple.

Au quartier-général à Zurich,
le 21 floréal an 7.

J'ai eu l'honneur de vous rendre compte, par mes dépêches du 14 floréal, des attaques qui ont été dirigées par l'ennemi, avec des forces supérieures, sur toute la ligne des Grisons et dans les Engadines, les 11 et 12 de ce mois. Déjà, par mes dépêches précédentes, je vous avais fait connaître les mouvements insurrectionnels qui éclataient dans la vallée de Dissentis et dans les ci-devant Petits-Cantons. Ces mouvements, dirigés et soudoyés par les Autrichiens, tenaient à leur plan d'attaque ; les rebelles devaient nous inquiéter et nous attaquer en même temps sur nos derrières, et nous couper toute retraite, si les attaques principales de l'ennemi avaient réussi.

Les insurgés viennent d'être réduits sur tous les points par la force. Voici le détail des opérations que me transmettent les généraux de division Menard et Soult.

Les insurgés de Dissentis, qui avaient fait un mouvement pour couper les communications entre le général Menard, commandant les Grisons, et le général Lecourbe, s'étaient retranchés à Reichenau. Le 14, à six heures du soir, le pont a été attaqué avec vigueur et emporté à la bayonnette ; les rebelles ont été complettement battus ; nos soldats se sont mis à les poursuivre avec acharnement ; mais bientôt la nuit est venue les arrêter dans leur marche.

Le lendemain 15, à trois heures du matin, nos troupes se sont mises en route ; elles se sont emparée d'Ilanz , et de là se sont portées à Trons , chassant toujours devant elles les insurgés.

Le 16, la colonne est arrivée à Dissentis.

Les insurgés étaient au nombre de six mille , la plupart armés de fusils ; plus de deux mille ont péri en combattant.

L'expédition du général Soult a eu le même succès.

Le 19 floréal , le général Soult a marché sur le canton de Schwitz ; il s'est fait précéder par une proclamation , et par des émissaires portant des paroles de paix.

A cinq heures du matin il a trouvé le corps des insurgés en bataille sur une hauteur en avant de Rosthurne ; il les a fait sommer de mettre bas les armes. Après quelques instants de résistance ils ont accepté le traitement qu'on leur offrait , et se sont retirés dans leurs habitations , après avoir déposé leurs armes. Le général Soult est arrivé le même jour à Schwitz, d'où il a fait ses dispositions pour marcher sur le canton d'Altorf.

Ce n'est que le 19, à trois heures du matin ,

que le général Soult a pu commencer son attaque, le temps s'étant opposé jusqu'alors à sa traversée sur le lac de Lucerne.

Le premier bataillon de la prem'ère demi-brigade de ligne a opéré son débarquement à la hauteur de Scerdorf, et s'est porté sur Rthingusen, en suivant les deux rives de la Reuss. Le deuxième bataillon a debarqué à la gauche de Fluclen, et s'est porté en avant de Burglein, pour couvrir la vallée de Schachen-Thal; l'artillerie, les chasseurs et les sapeurs ont suivi le même mouvement.

Les rebelles, au nombre de plus de trois mille, presque tous armés, et ayant avec eux quatre petites pièces de canon, ont fait de vains efforts pour s'opposer au débarquement de nos troupes; à peine descendues à terre elles ont culbuté au pas de charge les insurgés, leur ont tué un grand nombre d'hommes, et se sont emparées de leur artillerie; le reste s'est sauvé en partie dans les montagnes, mais la p us nombreuse s'est retirée par Ste"g sur Wasen. Le général Soult va les poursuivre avec activité, pour les empêcher de se jetter dans l'Italie par le mont Gothard.

La défection des rebelles du canton d'Altorf va entraîner celle du Valais et de la Levantine où l'insurrection étend aussi ses ramifications.

Le général Soult se loue de l'intrépidité de nos
soldats dans le combat, et de leur humanité
après la victoire: quel exemple donné à nos
ennemis ! mais leur politique ne se compose
plus que de rébellions et d'assassinats , et les
prêtres sont les exécuteurs de ces conceptions
atroces. Il n'y a plus que les efforts de la France
qui puissent empêcher l'Europe de retomber
dans la barbarie où ils la précipitent.

Salut et respect ,

Signé MASSENA.

*Extrait de la correspondance du général en
chef Massena.*

Le général Massena rend compte au Directoire,
que, d'après les manœuvres de l'ennemi dans le
Rhinthal, et divers mouvements dans l'étendue
d'une ligne qui l'eût obligé à disséminer ses
forces , il a pris le parti de les réunir en corps
de bataille, ce qui le met en mesure d'attaquer
et de battre l'ennemi sur tous les points où il
pourrait se porter.

Cette disposition est d'autant plus avantageuse
que le pays entre le Rhin et lui ne présente aucune position dont l'ennemi puisse tirer avantage pour l'empêcher de veiller à la sûreté des
contrées Helvétiques, jusqu'au moment très-pro-
chain où il reprendra l'offensive.

Le général Humbert , attaqué par l'ennemi ,
en se portant sur Lichtensteig , lui a résisté avec
avantage en lui faisant cent cinquante prisonniers.

Par une autre lettre du général Massena au
directoire exécutif, datée de Zurich, du premier
prairial , il rend compte que le général Suchet
est arrivé le 3o floréal à Urseren avec sa brigade
malgré les grands obstacles qu'il a surmontés par
son activité et la sagesse de ses dispositions.

Ce mouvement est la suite de l'attaque des
Autrichiens sur Luciensteig , qui a eu lieu le 25
du mois dernier. Les forces supérieures que l'ennemi avait portées sur ce point , n'ont pas obtenu
les avantages qu'il pouvait en attendre. La résistance a été d'une telle vigueur que des canon-
niers français ont préféré recevoir sur leurs pièces
une mort glorieuse plutôt que de les abandonner.

Pendant ces diverses opérations , un évènement attroce , l'assassinat des ministres français
au congrès de Rastadt , plaçait la France dans
la cruelle alternative d'un opprobre éternel ou
d'une vengeance exterminatrice. Rivalisant d'hor-
reurs avec ceux qui ont souillé les nations les
plus féroces, cet évènement ne présentait plus
aux peuples avides de la paix , que la rupture
désespérante des seuls liens que le droit des gens

eut

eut jusqu'alors soustrait au fléau dévastateur de
la guerre.

La nouvelle donnée à l'armée d'un attentat si
horrible fut un coup de foudre pour tous les
amis de la république et de l'humanité ; le premier mouvement fut de courir aux armes... Mais
ô honte inexprimable! nous songions à attaquer,
lorsque nous étions à peine en état de nous défendre. Notre affaiblissement, préparé par je ne
sais quel génie ennemi, avait porté presque par-
tout dans les rangs français la mort ou l'humilia-
tion, et la seule ressource d'une armée habituée
à la victoire, fut d'ajourner sa vengeance, et
de ronger, dans le silence de la fureur, le frein
de son impuissance. Voici comment le prince
Charles parlait au général Massena de cet assassinat.

Général,

« Les rapports que je reçois *aujourd'hui* m'ap-
prennent un *évènement* qui s'est passé dans la
ligne de mes avant-postes. Le commandant me
rend compte que les ministres français Bonnier
et Robergeot *ayant traversé, pendant la nuit,*
la chaîne de ses postes, y ont été attaqués *par les
hussards*, et ont malheureusement péri. Les cir-

d

constances de cet événement ne me sont pas
encore connues.

En attendant, j'ai fait dans le premier moment
arrêter le commandant de ces avant-postes, et j'ai
en même temps nommé une commission pour faire
les perquisitions les plus exactes et les plus sévères
sur les causes de cet *accident*. Je m'empresse de
vous faire d'avance la promesse , qu'autant que
mes postes avancés se seraient le moins du monde
rendus coupables dans cette affaire, j'en donnerai
une satisfaction toute aussi éclatante que mes
ordres relatifs à la sûreté personnelle des ministres
Français étaient précis et réitérés. Je ne puis assez
vous exprimer combien je regrette qu'un tel dé-
sastre ait eu lieu dans la ligne de mes avant-
postes. Je me réserve , général , de vous faire
connaître sans délai le résultat des recherches
que j'ai ordonnées dès le premier avis qui m'est
parvenu.

Recevez, général, les assurances de ma considération la plus distinguée ».

Signé CHARLES , *feld-maréchal.*

Au quartier-général à Stockack , le 2 mai 1799.

Quoiqu'en dise le prince Charles , les circonstances de cette infraction aux droits de toutes

les nations , ont suffisamment caractérisé le
crime et désigné ses auteurs à la vengeance de
l'Europe et à l'exécration de la postérité. Toutes
les proclamations par lesquelles on pourrait le
désavouer , tous les jugements qui pourraient en
punir quelques auteurs en sous-ordre, toutes les
momeries politiques au moyen desquelles on
voudrait se targuer d'une indignation hypocrite
contre un crime utilisé , ne sauraient emporter
cette tache ineffaçable qui va être lavée dans des
torrents de sang. Il resterait à l'Autriche un
moyen grand , énergique et juste , qui pourrait
si non faire oublier ce crime , du moins en rejetter l'odieux et la peine sur les instigateurs
qu'elle a eu la faibelsse d'écouter , ou l'impru-
dence de prendre pour ses coopérateurs ; mais
les instants s'échappent avec rapidité, et si l'im-
pulsion qui doit venger le monde est une fois
communiquée à tous les éléments qui doivent y
concourir , il ne restera plus , d'après l'inaction
approbative de la maison d'Autriche , qu'à sa-
voir laquelle de cette puissance ou de la république française doit payer de son existence la
peine du crime commis.

Telles sont, en attendant, les conséquences de
ce renversement solennel de toutes les loix pro-
tectrices des négociations que la défiance et la

crainte vont marcher sur les pas des négociateurs, et que le système d'assassinat et de violation des dépôts sacrés de la pensée des gouvernemens commande pour long-temps à la prudence une circonspection fatale au rétablissement de la paix.

Cependant les opérations militaires continuaient avec activité, l'ennemi croyait avoir terrifié l'armée lorsqu'il n'avait excité que son horreur, et il cherchait à recueillir les fruits de son expédition sanguinaire par une foule de moyens bien dignes de faire suite à cette première scène d'iniquité : promesses, menaces, tout a été employé auprès des généraux et des soldats français pour les arracher à leurs devoirs et à la république ; mais l'ennemi a trouvé par tout des citoyens fidèles à l'honneur et à la liberté, aussi incapables de lâcheté que de trahison et de servitude.

La dispersion des forces du général Massena sur une circonférence dont le développement était immense, prêtait infiniment au succès d'une double opération de la part de l'ennemi. Cette ligne percée sur plusieurs points, en même temps qu'une insurrection, déjà organisée dans l'intérieur de l'Helvétie, aurait occupé au profit de l'Autriche le centre des communications entre ces parties isolées, on aurait vu se terminer en une seule opération la destruction de l'armée qui défendait l'Helvétie, et la clef de la France livrée ainsi sans défense à nos ennemis.

Le général Massena a paré le coup en réunissant et concentrant ses forces, et en adoptant un système de défensive active, approprié aux localités et aux opérations que l'arrivée prochaine de ses renforts devaient le mettre à même d'entreprendre.

Quelques lieues de terrein qui n'a jamais été cédé à l'ennemi qu'après l'avoir battu, et qu'une seule opération lui verra revir lorsqu'il en sera temps, lui ont coûté des pertes incalculables.

Les détails des affaires qui ont eu lieu sont consignés dans les comptes rendus par le général Massena au directoire exécutif, et que l'on copie.

Combat de Keisersthul.

Au quartier-général de Zurich, le 5 prairial an 7
de la république

Dans la nuit du 4 au 5, l'ennemi a jeté sur la rive gauche du Rhin, au moyen de plusieurs barques, des forces assez considérables depuis Coblentz jusqu'à Keisersthul.

Pour couvrir son mouvement, l'ennemi avait attaqué la veille, avec acharnement, mes positions depuis Andelfingen jusqu'à Vill ; son but était de m'y faire porter des forces , et de faire dégarnir la ligne du Rhin.

Dans la nuit , j'ai été informé de ce passage ; nos premiers postes s'étaient repliés : j'ai laissé l'ennemi s'engager ; néanmoins je faisais mes dispositions pour l'attaquer dans la matinée.

Le général Tharreau avait ordre de prendre l'ennemi de front sur les points de Coblentz à Zurzach : je me suis moi-même transporté sur son flanc pour l'attaquer du côté d'Eglissau par Keisersthul. A dix heures du matin , l'affaire s'est engagée : l'ennemi a fait résistance ; mais il a bientôt songé à sa retraite ; pour la faciliter , il s'est fait couvrir par des corps de hullans , qui ont été chargés par notre cavalerie. Nous leur avons pris environ trois-cents chevaux , et fait environ en tout cinq cents prisonniers , parmi lesquels six officiers.

Ce mouvement de l'ennemi était hardi , son but était de couper la communication de Zurich ; mais il a été obligé de repasser le Rhin avec précipitation , et il a été poursuivi avec une telle vigueur , que faisant sa retraite en désor- dre , et n'ayant pas eu le temps d'établir un pont , il a perdu beaucoup d'hommes qui se sont noyés dans ce fleuve.

Bataille de Frauenfeld.

Au quartier - général de Zurich , le 7 prairial an 7
de la république française.

Les derniers mouvemens de l'ennemi , et les
avis certains que j'avais des rassemblemens qu'il
faisait sur la rive gauche de la Thur , annonçaient de sa part le projet de nous attaquer.
Pour rompre ses mesures , j'ai cru devoir le
devancer et ordonner une attaque générale sur
cette ligne, pour le culbuter au-delà de la rivière.

Je me suis en conséquence rendu , le 6 de ce
mois, à Vinter-Thur , avec mon chef d'état-major ; j'ai ordonné au général de division, Audinot, commandant l'avant-garde , de se porter
sur Frauenfeld , pendant que le général Paillard
attaquerait la gauche de l'ennemi , par Andelfingen ; et le général Ney , son centre , par
Adlikon. Le général Soult , avec sa division .
était chargé de marcher sur ces trois points pour
soutenir nos attaques.

A la pointe du jour, les avant-postes de l'ennemi
ont été enlevés , et bientôt l'affaire est devenue
générale. Nos troupes ont débuté avec intrépidité et ont soutenu leur mouvement avec acharnement. L'enemi , de son côté, a fait une longue
et vigoureuse résistance ; mais il a fini par être

culbuté sur tous les points , et forcé à faire sa
retraite avec précipitation , quoiqu'il eût une
cavalerie plus nombreuse que la nôtre, qui le
couvrait ; il y a eu beaucoup d'hommes noyés
au gué , à gauche d'Adlikon.

Le général Paillard , après avoir repoussé
l'ennemi au-delà du pont d'Andelfingen, lui a
fait cinq cents prisonniers ; le général Ney lui en
a fait deux cents. La colonne qu'il poursuivait
n'a dû son salut qu'à la rapidité de sa fuite.

Le général Oudinot avait essuyé , de la part
de l'ennemi la plus forte résistance , et nos
troupes avaient même été en quelque sorte re-
poussées ; mais le général Soult étant arrivé
avec deux escadrons du treizième de dragons et
la vingt-troisième demi-brigade de ligne , a décidé l'avantage en notre faveur. Ces deux généraux ont fait dix-huit cents prisonniers à l'ennemi , et lui ont enlevé deux pièces de canon.
On se battait encore dans cette position une
heure avant la nuit. Le résultat de cette journée
est l'évacuation de toute la rive gauche de la
Thur par l'ennemi, la prise d'un étendard, de
deux pièces de canon , et celle de deux mille
cinq cents hommes faits prisonniers, parmi lesquels sont le colonel de Barco, le prince Hoen-
loë, capitaine à ce régiment, et *le major du
régiment de Szeklers*

Au commencement du combat, les hussards de ce corps demandaient à nos soldats si on ne leur ferait aucun quartier (l'assassinat des plénipotentiaires français se retraçait à leur mémoire). *Songez à vous défendre*, leur criaient nos braves. En effet ils se sont défendus avec vigueur, et on en a fait un carnage terrible ; *ainsi a commencé sur eux la punition du plus infâme des attentats.*

Le général Chabran, commandant la deuxième division, à qui j'avais donné l'ordre d'occuper l'ennemi pour faire diversion, a obtenu des avantages et lui a fait quelques prisonniers.

La légion Helvétique et quelques bataillons Suisses, qui ont donné dans cette affaire l'ont fait avec courage ; l'adjudant-général Weber, qui était à leur tête, a été tué ; il est généralement regretté.

Vous parlerai-je de la conduite de nos troupes ? elle a été digne d'elles ; officiers-généraux, officiers particuliers, soldats, tous ont fait leur devoir, et il ne fallait rien moins que leurs efforts soutenus pour décider le succès de cette affaire, si meurtrière pour l'ennemi. Notre perte, y compris nos blessés, peut se porter en tout à quatre cents hommes, celle de l'ennemi s'élève à deux mille hommes, sans y comprendre les deux mille cinq cents prisonniers que nous lui avons faits.

Salut et respect,   *Signé* MASSENA.

Bataille de la Thur.

Au quartier-général à Zurich ,
le 9 prairial an 7.

Le prince Charles , ayant rejoint son armée ,
et ayant amené avec lui un renfort de douze
mille hommes , m'a livré bataille hier, sur la
ligne de la Thur , avec trente mille hommes ; il
dirigeait l'attaque en personne ; elle a commencé
à la pointe du jour.

Les efforts et l'acharnement de l'ennemi ont
été au-dessus de toute expression ; notre défense
de même : la nuit n'a pas fait cesser le combat ,
et l'on se battait encore à dix heures du soir.
L'ennemi n'a eu sur nous aucun avantage. Je me
suis porté sur la Glat , pour être plus en masse
sur Zurich.

Nous avons fait à l'ennemi , dans l'affaire d'hier,
sept à huit cents prisonniers ; il a eu beaucoup
de morts et de blessés.

Le général Ney , qui commandait l'avant-garde ,
a reçu deux blessures , et a eu deux chevaux tués
sous lui ; l'adjudant-général Lorcey a aussi été
blessé.

Affaire de Rorbis.

Au quartier-général à Zurich,
le 10 prairial an 7.

Je vous ai rendu compte, par ma dépêche du
6 de ce mois, de la tentative que l'ennemi avait
faite sur ma gauche, en passant le Rhin sur les
points de Zurzach et Eglisau, dans l'intention de
couper mes communications avec Zurich. L'ennemi tenait à ce projet, car il a cherché à le
réaliser de nouveau, en portant une grande partie
de ses forces sur le point de Rorbis : son attaque
a commencé à la pointe du jour. L'on s'est battu
avec acharnement de part et d'autre pendant dix
heures ; enfin nous avons repoussé l'ennemi, et
nous sommes restés maîtres de la position qu'il
occupait Nous lui avons fait environ deux cents
prisonniers, parmi lesquels se trouvent quatre
officiers ; il a eu beaucoup de blessés, et a laissé
plus de deux cents morts sur le champ de bataille.
Notre perte s'élève en tout à cent hommes environ. Le général Tharreau commandait sur ce
point.

Affaire d'Airolo et Schweitz.

Le même jour l'ennemi attaquait aussi, à la
droite, les positions d'Airolo et de Schweitz. Il a
commencé par repousser le bataillon de la soixante-

seizième demi-brigade, qui défendait Airolo ; mais bientôt il a été culbuté par nos troupes, qui lui ont fait deux cents prisonniers.

L'attaque sur Schweitz avait mieux réussi à l'ennemi, et il était parvenu à rejetter nos troupes jusqu'à l'entrée de la gorge qui part de Glarus et débouche sur Schweitz: là il avait pris position, dans l'intention de recommencer incessamment son attaque.

Le général Lecourbe s'est porté sur ce point avec quelques troupes fraîches ; mais ce n'est que le lendemain qu'il a pu faire son débarquement, le temps ne lui ayant pas permis de traverser le lac la veille. Les sages dispositions qu'il avait faites, et la valeur de nos troupes, ont fait réussir son attaque ; il a repoussé l'ennemi jusqu'au point d'où il était parti : il lui a fait trois cents prisonniers, parmi lesquels se trouvent six officiers, et deux pièces de canon, les seules qu'il eût, et qu'il avait fait porter à dos de mulets. La perte de l'ennemi, tant en morts que blessés, est très-considérable ; la nôtre s'élève à soixante environ.

Le résultat de ces différentes attaques nous a valu sept cents prisonniers.

Affaire de Louesch.

Le général Xaintrailles , chargé de conduire les colonnes tirées de l'armée du Danube , et destinées pour celle d'Italie , me rend compte de l'avantage décisif qu'il vient de remporter sur les rebelles du haut-Valais. Les brigands , au nombre de plus de six mille , l'ont attaqué le 8 sur les rives droite et gauche du Rhône ; ils ont été repoussés avec vigueur , mais la nuit a séparé les combattans.

Le général Xaintrailles a fait de suite ses dispositions pour les attaquer lui-même le lendemain : à la pointe du jour les troupes sous ses ordres ont commencé leur mouvement ; elles ont, après un combat assez opiniâtre , culbuté l'ennemi de toutes parts ; elles l'ont poursuivi sur les deux rives du Rhône jusqu'à Eisch sur la droite , et trois lieues au-dessus de Loesch sur la gauche. La perte des insurgés est très-considérable ; leurs canons, leurs munitions, leurs magasins , leur ambulance , sont tombés en notre pouvoir.

La force des rebelles se portait en tout à huit mille hommes environ ; ils sont commandés par des officiers ci-devant au service du Piémont, et il y a dans leurs rangs de l'infanterie et de la cavalerie Autrichiennes.

Le général Xaintrailles me mande qu'il va poursuivre avec vigueur les restes épars de cette bande de rebelles. Ce général se loue du courage avec lequel les bataillons de la cent-neuvième et de la quatre-vingt-neuvième demi-brigade ont donné dans ces affaires.

Je viens de lui donner moi-même l'ordre d'anéantir les rebelles en suivant son mouvement sur l'Italie.

Affaire de Lax, du 12 Prairial.

Le général Xaintrailles qui poursuivait toujours les rebelles en remontant les deux rives du Rhône, les a chassés de Brigg ; position très-avantageuse sur la rive droite ; il les a rencontrés près de Lax. Le 12, ils y étaient en force, il leur a livré bataille, ils ont résisté long-temps, ils étaient soutenus par les bataillons Autrichiens des régiments de Bancals et de Walise qui leur avaient été envoyés ; les rebelles ont été taillés en pièces, les troupes Autrichiennes ont elles-mêmes beaucoup souffert ; elles ont laissé un nombre considérable des morts sur le champ de bataille et on leur a fait deux cents cinquante prisonniers, parmi lesquels étaient plusieurs officiers ; les conscrits de la cent-dixième demi-brigade ont fait des prodiges de valeur dans cette journée, ils ont étonné leurs aînés d'armes qu'ils ont égalés. Notre perte se monte à 30 hommes environ.

Affaires d'Airolo et Useren des 10, 11, 12, 13 et 14 Prairial.

Pendant que le général Lecourbe battait l'ennemi à Schweitz, celui-ci recommençait son attaque sur Airolo, Useren et l'Hôpitals. Le général Loison qui commandait là a été repoussé et s'est vu obligé de faire sa retraite jusqu'à Altorf. Le général Lecourbe en est instruit, arrive en toute diligence, rallie les troupes, se met à leur tête et marche à l'ennemi ; il l'attaque avec impétuosité et le repousse jusqu'en arrière de Steïg.

Il ne put chasser plus loin l'ennemi qui venait d'en couper le pont ; ceci se passait dans les journées des 10 et 11; le général Lecourbe fouille toutes les gorges qui étaient à sa droite et à sa gauche, et en débusque l'ennemi. Le 12, il le fait attaquer à Wasen, où il s'était retiré, mais cette attaque ne peut être poussée avec vigueur en raison du mauvais temps.

Le lendemain , le général Lecourbe ordonne d'attaquer de nouveau; l'ennemi après une résis-tance opiniâtre allait être enfoncé, il fait couper le pont de Wasen par où nos troupes auraient pu le poursuivre. Le 14 , le général Lecourbe fait encore de nouvelles dispositions pour marcher sur Wasen , son mouvement réussit entièrement ; il culbute l'ennemi et le chasse jusqu'au-près de Gerchienen. Ce n'est qu'avec beaucoup de peine que celui-ci a fait sa retraite , et il a laissé en no-tre pouvoir deux mille prisonniers parmi lesquels sont plusieurs officiers supérieurs.

Le général Lecourbe à été blessé au bras , le chef de brigade Boulan l'a été pareillement, avec environ soixante des nôtres.

Affaire de Rapperschvill du 14 Prairial.

Le général en chef à fait porter le 14 prairial, une forte reconnaissance du côté de Rappers-chvill pour chercher l'ennemi ; nos troupes l'ont rencontré à un quart de lieue de cette ville ; il avait avec lui neuf pièces de canon : il s'est en-gagé dans une affaire assez chaude dans laquelle il a été battu ; nous lui avons fait cent cinquante prisonniers.

Premier

Premier bataille sur la ligne de Zurich, du 15 Prairial.

L'ennemi m'a attaqué hier en force sur ma droite; ce mouvement me faisant présager une attaque générale de sa part pour le lendemain, j'ai fait, en conséquence, toutes mes dispositions pour le recevoir.

En effet, l'ennemi a commencé aujourd'hui, à la pointe du jour, son attaque sur toute la ligne; après quelques heures de combat, ses principales forces et ses efforts se sont dirigés sur ma droite, sur la division commandée par le général Soult : j'y étais en personne. L'ennemi voulait s'emparer de toutes les positions qui couvrent Zurich; il s'est porté avec acharnement sur les villages de Vittikon, Zolikon et Riespach; il les a enlevés plusieurs fois, et autant de fois ils ont été repris par nos troupes, la bayonnette en avant.

L'ennemi recommençait ses attaques avec une audace toujours croissante; j'ai alors ordonné un mouvement général sur toute la ligne, et je l'ai fait charger sur tous les points. Il était environ cinq heures du soir; l'ennemi a soutenu notre choc avec opiniâtreté, et ce n'est qu'à une heure avant la nuit qu'il nous a cédé le champ de bataille, et qu'il a abandonné nos positions,

e

qui ont été de suite occupées par nos troupes.

Nous avons fait à l'ennemi 500 prisonniers environ ; sa perte en morts et blessés est très-considérable : il vous est facile d'en juger, citoyens
Directeurs , d'après la longueur de l'action et
l'acharnement avec lequel l'ennemi s'est présenté
à notre feu. Nous avons à regretter cinq cents
hommes, tant tués que blessés et faits prisonniers.

Je ne puis donner assez d'éloges au général
Soult pour les sages dispositions qu'il a faites ; il
s'est conduit avec un sang-froid et un courage
rares. Toutes les troupes ont fait leur devoir ;
mais je dois faire une mention particulière du
zèle et du dévouement avec lesquels les officiers
supérieurs et ceux des deux états-majors se sont
portés à conduire nos soldats à l'ennemi.

Le général de division, Chérin, chef d'état-
major-général, a été très-dangereusement blessé
d'un coup de feu. La réputation de bravoure de
ce militaire distingué est faite. Je regrette avec
toute l'armée, que sa blessure nous prive de ses
services. Puisse-t-elle ne pas l'enlever à son
pays (1)! L'adjudant - général Debilly a aussi
été blessé ; il s'était, d'après vos ordres, rendu de
la veille à l'armée.

_____

(1) Il est mort le 21 , des suites de sa blessure.

Depuis le 24 du mois passé, il n'est pas de jour où l'armée n'ait reçu ou livré de batailles générales ou des combats partiels.

P. S. Je vous informais, par ma dépêche d'hier, que le général Lecourbe avait fait à l'ennemi 1,500 prisonniers. Je reçois à l'instant une lettre de lui, qui m'annonce qu'ils se portent à 2,000 ; il espère en outre prendre en entier un bataillon de Kinski, qui s'est jetté dans une gorge qui n'a pour issue que des glaciers. Le nombre des prisonniers se porterait alors à 3,000 : il occupe toujours ses positions à Wasen et Geschienen.

Deuxième bataille de Zurich, du 16 Prairial.

L'ennemi m'a de nouveau livré bataille ce matin, à la pointe du jour ; il avait reçu des renforts, car il nous a opposé des troupes fraîches, et bien supérieures en nombre à celles de l'attaque d'hier.

L'ennemi s'est porté avec impétuosité sur toutes mes positions, et a donné en même temps sur toute l'étendue de la ligne. Son front était hérissé de cinquante bouches à feu : par-tout il a été reçu avec intrépidité.

Je l'ai fait attaquer : il a résisté avec opiniâtreté ; mais ses efforts ont été vains, il a fallu céder à la bravoure et à l'audace de nos soldats.

Jamais affaire n'a été plus meurtrière ; le champ de bataille était jonché de cadavres. On se battait encore avec la même rage et le même acharnement lorsque la nuit est arrivée.

Nous avons fait à l'ennemi 1,200 prisonniers environ, parmi lesquels beaucoup d'officiers pris au milieu de leurs tirailleurs. Sa perte en morts ou blessés doit être au moins de 3,000 hommes ; la nôtre s'élève en tout à 500 hommes. Le général Humbert a été légèrement atteint d'une balle.

Les rapports des prisonniers et de quelques déserteurs s'accordent tous sur ce point, que le prince Charles dirigeait lui-même l'affaire ; que le général Hotze, suisse, a été dangereusement blessé, et qu'un autre général dont on ne dit pas le nom, a été tué du côté de la droite, où l'ennemi avait concentré ses forces, et où je commandais en personne.

Toutes nos troupes ont fait des prodiges de valeur et ont bravé mille fois la mort ; elles en recevaient l'exemple des généraux et des officiers de tous grades.

J'ai nommé sur le champ de bataille le citoyen Brunet, chef de la 25.e demi-brigade, général de brigade, et les citoyens Burthe et Soult, le premier, mon aide-de-camp, et le second, celui du général Soult, son frère, tous deux capitaines de cavalerie, chefs d'escadron ; je vous prie, citoyens Directeurs, de confirmer ces nominations, ainsi que celles des officiers qui se sont distingués dans cette journée, et pour lesquels je vous demanderai de l'avancement.

Je me dispose à prendre position sur la chaîne des montagnes de l'Albis, appuyant ma gauche au Rhin, et ma droite au lac de Zug ; j'ai reconnu moi-même que celle de la Limmat n'était pas tenable.

Salut et respect,   *Signé* MASSENA.

P. S. L'on me rend compte à l'instant que le général Oudinot, commandant la troisième division, a été blessé d'un coup de feu.

Par une lettre du 18, le général Massena rend compte qu'il a pris position sur les monts Albis ; ce mouvement a commencé à la pointe du jour, et a continué jusqu'à quatre heures du soir, sous les yeux de l'ennemi, sans qu'il ait osé l'inquiéter. Dans l'affaire du 16, l'ennemi a eu un général tué et trois blessés.

L'on a fait à l'ennemi depuis le 4 jusqu'au 6 prairial 8,800 prisonniers.

Affaire d'Albis-Rieden, du 21 Prairial.

Citoyens Directeurs,

Hier, à quatre heures du soir, l'ennemi a attaqué avec des forces supérieures mes positions en avant de Bremgarten ; après la plus vigoureuse résistance , nos postes ont été obligés de se replier ; l'ennemi s'est emparé du village d'Albis-Rieden ; il gagnait déjà la hauteur en arrière de ce village, lorsque le général Soult a donné ordre au troisième bataillon de la 106.e demi-brigade , formé de conscrits, de marcher : ce bataillon s'est précipité dans les rangs ennemis au pas de charge et avec une intrépidité au-dessus de tout éloge ; en un instant il a fait changer la face des choses, les ennemis ont été culbutés sur tous les points , et nos positions ont été reprises.

Nous avons fait 150 prisonniers , parmi lesquels six officiers. Un conscrit s'est saisi d'un canonnier au momment où il allait mettre le feu à sa pièce. L'ennemi a perdu, tant en morts que blessés , 400 hommes. Notre perte en tout est d'environ 100 hommes.

Salut et respect ,

Signé MASSENA.

Ce sont là les principales circonstances de cette campagne qui, quoique puisse en dire l'ennemi, nous a valu près de trente mille prisonniers , quatre-vingt pièces de canon, plusieurs drapeaux et lui a occasioné un déficit, toutes pertes comprises, de près de cinquante mille hommes.

Notre perte en prisonniers morts et blessés mis hors de combat, ne passe pas dix mille hommes : on ne comprend pas dans ce nombre des hommes légèrement blessés, qui peuvent ensuite rentrer dans leurs corps.

Le nombre des troupes constamment employées à ces opérations n'a jamais excedé vingt-cinq mille hommes, et très-souvent il y en a eu bien moins, et cette petite armée a toujours eu à combattre des forces au moins doubles sur un développement immense, et dans un pays dont les difficultés isolaient presque toujours chaque partie de la défensive.

On a beaucoup raisonné sur le genre de guerre adopté en Helvétie, par le général Massena, et sur ce qu'il y aurait eu de mieux à faire dans ce pays, soit pour l'attaque, soit pour la défense. Bien des personnes, avec des connaissances distinguées, en ont parlé de diverses manières ; mais il en est peu qui ayent atteint le vrai but ; il en est peu qui ayent eu, des localités, une connaissance suffisante d'ensemble et de détails pour faire sur le genre de guerre propre à ce pays des raisonnements solides et dont on pût déduire un système bon et exécutable.

Si l'intérêt de l'état ne nous défendait tout développement, qui put éclairer nos ennemis sur la guerre que nous faisons encore en Helvétie, il ne serait pas difficile de ramener toutes les opinions au vrai point de vue, sous lequel il faut envisager cette guerre. Le retour de la paix nous mettra peut-être à même d'échanger avec les militaires des autres armées les renseignements que nous avons acquis sur le théâtre particulier de nos opérations, contre ceux qu'ils auront acquis de leur côté sur le leur, et alors point de doute que les localités et les circonstances étant bien connues, il n'y ait uniformité d'opinion. En attendant on a pu, sans crainte de commettre une indiscrétion, publier les détails d'une campagne qui, après avoir étonné nos ennemis par la vigueur de l'offensive, les a enfin lassés par l'opiniâtreté de la défensive, et qui, dans l'une et l'autre hypothèse, leur a fait essuyer des pertes énormes, et tout cela, lorsque nos malheurs en Italie, la grande supériorité du nombre de nos ennemis, et le dénuement absolu des objets de la plus urgente nécessité, attaquaient tout-à-la-fois le moral, et affaiblissaient le physique de tout ce qui composait cette armée. Puissent tant et de si grands sacrifices ramener enfin cette foule d'hommes insensibles et indifférents, je ne dis pas seulement à la reconnaissance, mais au respect, à la vénération profonde qu'ils doivent au soldat français !

CONCLUSION GÉNÉRALE.

Le début de la campagne de l'an VII, n'a été heureux qu'en Helvétie, et il ne devait l'être ni là, ni ailleurs; nous devons même nous féliciter, par la connaissance que nous avons acquise de la vraie situation de notre état militaire, que nos revers, puisque nous devions en éprouver, se soient manifestés dès le commencement des opérations, pour tirer la France de la sécurité dans laquelle elle était si mal-à-propos plongée, et qui pouvait entraîner sa ruine totale.

Notre état militaire était tel que des premiers succès n'eussent été qu'éphémères, et que, voulant suivre avec des forces insuffisantes l'exécution de projets gigantesques, nous fussions tombés de bien plus haut, et de manière peut-être à ne pouvoir plus nous en relever. Au lieu que des revers arrivés à temps nous ont averti que pour vaincre ce n'était pas assez de grands plans, de grandes menaces, d'une réputation nationale acquise par des grands succès, des conceptions métaphysiques de l'enthousiasme, enfin des apparences de la force; mais qu'il en fallait la réalité. Ces revers nous ont appris que la France politique et militaire devait, avec son gouvernement républicain, s'assujétir peut-être plus encore qu'auparavant aux calculs comparatifs de sa force, de ses moyens et de ceux des puissances qui étaient ou pouvaient devenir ses ennemis. Ces revers ont enfin ramené la république française aux principes que l'incapacité des uns, la malveillance des autres, et l'insouciance générale lui avaient fait méconnaître, et ont provoqué ces mesures vigoureuses qui non-seulement sauveront la république et ses alliés, mais établiront sur les bases de la *force*, de la justice et de la loyauté, le système politique qui consolidera à jamais le gouvernement républicain et donnera la paix à l'Europe.

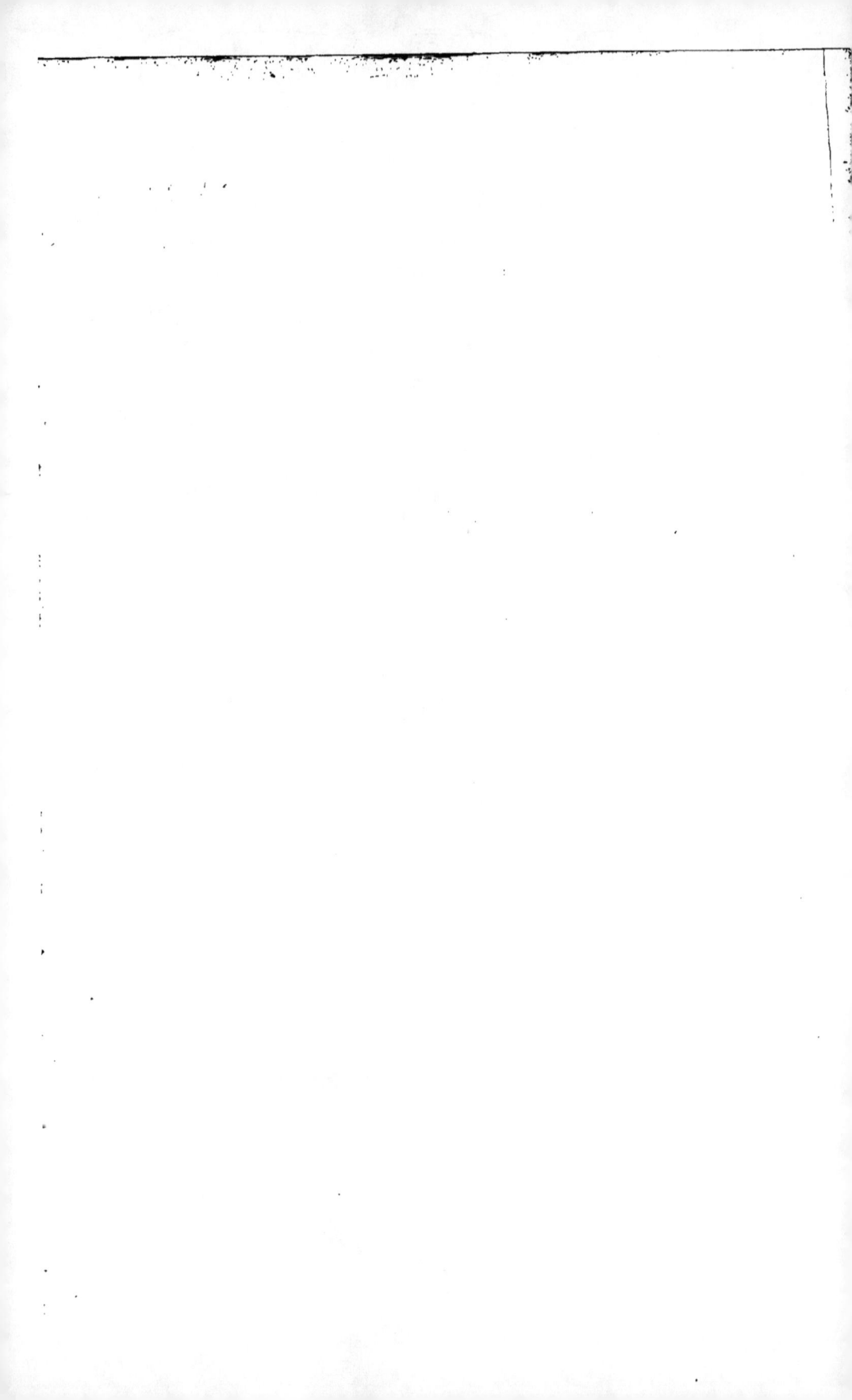

www.ingramcontent.com/pod-product-compliance
Lightning Source LLC
Chambersburg PA
CBHW070914280326
41934CB00008B/1713